Лариса Брагунец

Цветы для дачи

Лариса Брагунец

Цветы для дачи

Немного полезных советов для цветоводов

Bloggingbooks

Impressum / Выходные данные

Bibliografische Information der Deutschen Nationalbibliothek: Die Deutsche Nationalbibliothek verzeichnet diese Publikation in der Deutschen Nationalbibliografie; detaillierte bibliografische Daten sind im Internet über http://dnb.d-nb.de abrufbar.

Alle in diesem Buch genannten Marken und Produktnamen unterliegen warenzeichen-, marken- oder patentrechtlichem Schutz bzw. sind Warenzeichen oder eingetragene Warenzeichen der jeweiligen Inhaber. Die Wiedergabe von Marken, Produktnamen, Gebrauchsnamen, Handelsnamen, Warenbezeichnungen u.s.w. in diesem Werk berechtigt auch ohne besondere Kennzeichnung nicht zu der Annahme, dass solche Namen im Sinne der Warenzeichen- und Markenschutzgesetzgebung als frei zu betrachten wären und daher von jedermann benutzt werden dürften.

Библиографическая информация, изданная Немецкой Национальной Библиотекой. Немецкая Национальная Библиотека включает данную публикацию в Немецкий Книжный Каталог; с подробными библиографическими данными можно ознакомиться в Интернете по адресу http://dnb.d-nb.de.

Любые названия марок и брендов, упомянутые в этой книге, принадлежат торговой марке, бренду или запатентованы и являются брендами соответствующих правообладателей. Использование названий брендов, названий товаров, торговых марок, описаний товаров, общих имён, и т.д. даже без точного упоминания в этой работе не является основанием того, что данные названия можно считать незарегистрированными под каким-либо брендом и не защищены законом о брендах и их можно использовать всем без ограничений.

Coverbild / Изображение на обложке предоставлено: www.ingimage.com

Verlag / Издатель:
Bloggingbooks
ist ein Imprint der / является торговой маркой
OmniScriptum GmbH & Co. KG
Heinrich-Böcking-Str. 6-8, 66121 Saarbrücken, Deutschland / Германия
Email / электронная почта: info@bloggingbooks.de

Herstellung: siehe letzte Seite /
Напечатано: см. последнюю страницу
ISBN: 978-3-8417-7224-4

Copyright / АВТОРСКОЕ ПРАВО © 2013 OmniScriptum GmbH & Co. KG
Alle Rechte vorbehalten. / Все права защищены. Saarbrücken 2013

Содержание

Обо мне _____ стр 3

Проблемы на участке - затенённость, каменистые места, влажные участки _____ стр 5

Выгонка гладиолусов зимой _____ стр 7

Выгонка луковичных. Лилии _____ стр 9

Растения тенистого сада _____ стр 11

Жизнь луковичных после выгонки _____ стр 12

Если вы занятый человек _____ стр 14

Цветная мозаика колеуса _____ стр 16

Черные садовые муравьи _____ стр 18

Анемоны - украшение сада _____ стр 21

Многолетние лианы. Клематисы _____ стр 23

Многолетние лианы. Девичий виноград – партеноциссус _____ стр 29

Многолетние лианы. Декоративная жимолость _____ стр 32

Многолетние лианы. Гортензия черешковая _____ стр 39

Полезные советы при покупке растений. Растения и дни недели __ стр 42

Газоны и Луна _____ стр 45

Разноцветье петунии. Как правильно вырастить и сохранить _____ стр 45

А вы пробовали черенковать петунию? Я пробовала _____ стр 50

Экзотическая бругмансия _____ стр 51

Как правильно срезать и сохранить цветы в букете_____стр 55

Плетистая настурция в борьбе с сорняками_____стр 59

Лекарственные травы на нашем огороде_____стр 61

Анютины глазки - для радости и хорошего настроения_____стр 67

Здравствуйте дорогие читатели!

Я Лариса Григорьевна Брагунец – цветовод с большим стажем и опытом.

Не думаю, что удивлю Вас, если скажу, что весь окружающий нас мир наполнен красками. В зависимости от сезона изменяются и цвета. Но особенно шикарные оттенки всех цветов Вы наблюдаете летом. Помимо природных, сочную окраску в нашу жизнь добавляют цветы. От разнообразия сортов, наименований и окрасок голова идет кругом.

В далеком 2000 году я впервые «ударилась» в цветоводство. С тех пор прошло уже много лет. За эти годы накопился довольно приличный опыт. Сколько растений я вырастила! Сколько разошлось по друзьям, родственникам, знакомым.

Меня охватывает некоторая доля гордости, когда незнакомые люди, которые когда-то покупали у меня растения, останавливают на улице и хвастаются своими успехами. Среди множества цветоводов меня называют «наш агроном». Поверьте, это так греет душу!

В данной книге хочу поделиться своими заметками, информацией о цветах. Конечно, это лишь небольшая часть того, что я знаю. Но надеюсь на продолжение.

Думаю, чтение данной книги доставит Вам истинное наслаждение!

С уважением Лариса Григорьевна Брагунец. Удачи !

Проблемы на участке - затенённость, каменистые места, влажные участки

Проблемами для участка являются: затенённость деревьями, влажность или заболоченность, наличие большого количества камней. Со всеми ими я сталкивалась сама

При выделении участка, зачастую, дают практически бросовые земли, которые облагораживать нужно много лет. Первый мой участок был с огромным количеством деревьев. На корчевание ушло много времени и сил. После раскорчёвки обнаружилось, что ранее здесь был учебный полигон. Под толстым слоем земли обнаружилась учебная мишень и учебные бомбы (цементные, с металлическими крестообразными хвостами).

Помощь, спасибо им, оказали школьники, которые совместно с нами вытаскивали эти бомбы и куски мишени. Этими бомбами огородили участок и получилась своеобразная граница. Сейчас у меня свой дом и участок очень влажный. Все эти проблемы, в конце концов, решаются. А как? Рассмотрим ниже.

Затенённость.

Осины и берёзы дают на участке плотную тень. Конечно, можно всё вырубить, а можно часть деревьев оставить и создать небольшой сад, использовав декоративный подлесок. В затенённом саду можно

посадить хосту (довольно неприхотливое растение, любительница тени), дицентру, цветущую весь сезон.

Под тенью деревьев можно создать газон из почвопокровных растений- живучки ползучей, будры плющелистной. Здесь же можно посадить бадан, который цветет в мае-начале июня гроздьями розовых цветов. Прекрасно будет смотреться купена многоцветковая (см. фото). Не помешают и кустарники. Например, лещина, тис, дерен белый, бересклет.

Каменистый участок.

Здесь можно использовать растения, прекрасно чувствующие себя в этой среде. Можно высадить сирень, спиреи, рододендроны, японский клен. Здесь же приживутся барбарисы. Неплохо себя чувствуют растения для альпийских горок - алиссумы, молодило, разные виды очитков, горечавки, камнеломки. Эффектно будет смотреться можжевельник.

Каменистый участок можно украсить декоративнолистными злаками. Если участок ещё и достаточно сухой, высаживаем армерию, гацанию, вербену, гелихризум, гипсофилу, коровяк, энотеру. Эти растения не теряют декоративности и выдерживают подобные условия обитания. А в качестве яркого пятна используем маки и васильки.

Влажный участок.

Проблему влажного участка тоже можно решить за счет высаживания подходящих растений. Здесь сажаем астильбу, лабазник, вербейник, василистник, купальницу, лилейники, сибирские и японские ирисы.

Можно соорудить небольшой пруд. Помимо украшения, в нем будет скапливаться излишек воды, тем самым, осушая прилегающую территорию. Для пруда используем нимфею, пузырчатку, кубышку. Вокруг пруда сажаем осоку. Многие виды осоки имеют оригинальные соцветия. Около пруда неплохо будет смотреться ива плакучей формы.

На таких участках мы сталкиваемся с повышенной кислотностью почвы. При нормальной освещённости на такой почве неплохо будут расти рододендроны, снежноягодник, кизил. Я ещё посадила голубику и клюкву. При слабой освещённости сажаем папоротники. На влажных участках неплохо посадить несколько разновидностей деренов, гортензий. Они неплохо осушают почву, так как любят попить.

Таким образом, даже, имея проблемный участок, можно высадить на нём д остаточно большое количество красивых растений.

Выгонка гладиолусов зимой

Для выгонки гладиолусов зимой используются плотные, крупные луковицы, без механических повреждений и признаков болезни. Размер луковицы сильно влияет на высоту и толщину цветоносов.

При выгонке все питательные вещества расходуются, накопления практически нет, луковица уменьшается в размере, истощается.

В конце сентября - начале октября высаживаем луковицы гладиолусов в горшки, слегка вдавливая донце в землю, на глубину не менее 7-8 см. Сверху засыпаем землей, хорошо проливаем и убираем в прохладное помещение, либо в нижний отдел холодильника на 2-2,5 месяца.

При появление первых ростков перемещаем в более теплое помещение с температурой 18-20*С. При достижении листьев высоты 15 см, температуру понижаем до 16*С. Полив в это время умеренный, обязательно рыхление почвы. Не забываем про подкормки: 1,5 гр. калийной соли, 1 грамм аммиачной селитры и 2,5 гр. суперфосфата на 1 литр воды.

Подкормку делаем 1 раз в 2 недели.

После цветения луковицы оставляем в горшках, чтобы они вызрели и перешли в состояние покоя. Потом выкапываем и храним как обычно до посадки в грунт на следующий год.

Выгонка луковичных. Лилии.

Для выгонки в домашних условиях подходят невысокие лилии, не имеющие резкого запаха т.к от него болит и кружится голова.

Если покупать луковицы в магазине, то обратить внимание нужно на упаковку. Если они лежали без наполнителя, просто в емкости, то могут оказаться пересушенными и непригодными к выгонке.

Горшки используются диаметром не менее 7 см и глубиной не менее 15 см. Почему такие значения? При посадке луковицы лилий заглубляются в почву на 10 см, что дает им устойчивость, от края горшка отступается около 3 см. Расстояние между луковицами в горшке не менее 3 см т.к они увеличиваются в размерах.

На дно горшка нужно положить дренаж; при переизбытке влаги загнивают луковицы и отмирают корни. Земляная смесь должна быть с мелким керамзитом, дабы избежать переизбытка влаги.

Почва используется слабокислая или нейтральная. Нужно помнить, что лилии не переносят известь. При посадке нужно следить за тем, чтобы корни не заворачивались вверх. Горшок с луковицами поливаем и убираем в нижний отдел холодильника. В условиях пониженной температуры выдерживаем их в течение 6-8 недель.

Горшки храним безо всякого укрытия. При укрытии пленкой нарушается циркуляция воздуха, скапливается влага и болезнетворные бактерии. При появлении всходов, помещаем горшки в светлое и теплое место. Поливаем умеренно. Когда на ростках появляются листья, полив увеличивается.

Цветение начинается, в зависимости от сорта, через 45-100 дней. Быстрее всего зацветают лилии при температуре 25-30*.Исходя из этого, рост растений можно регулировать путем снижения или повышения температуры. На ночь листва должна оставаться сухой. Необходимо оберегать от прямых солнечных лучей в ясную солнечную погоду. В комнатных условиях хорошо реагируют на подкормку жидкими удобрениями. Для этих целей лучше применять раствор аммиачной селитры-12-15 гр. на 10 литров воды.

Как-то раз я получила посылку с лилиями в конце октября. Сажать в грунт было уже поздно. Я их посадила в горшки и убрала в нижний отдел холодильника. В феврале появились первые ростки. Пришлось вытаскивать и ставить на окна. Где-то через 1-1,5 месяца они зацвели.

Зрелище было великолепное, только запах в комнатных условиях убийственный. А весной я их высадила в грунт на участок.

Растения тенистого сада.

Тенистый сад - прекрасное место для отдыха в жаркий солнечный день. Здесь наслаждаешься прохладой и воздухом, насыщенным ароматами цветов. Какие цветы и кустарники можно посадить в этом месте? Сейчас разберемся.

При небольшой площади можно посадить крупный папоротник, куст рододендрона, древовидного пиона, кизильник, гаультерию. Последние два растения осенью усыпаны красными ягодами.

Неплохо мирятся с тенью многие многолетники: аквилегии, аконит, астра многолетняя, аспарагус, астранция, бадан, живучка, будра, василистник, горечавка, гравилат, дицентра, ирис, кислица, лесной колокольчик, купена, купальница, ландыш, лапчатка, люпин, лилейники, монарда, морозник, пион, резеда, синюха, солидаго, гейхера, хоста, осока, цикламен садовый, яснотка, папоротники.

Прекрасным украшением даже очень тенистого участка послужит астильба с её разнообразием сортов и мелких цветов всевозможной окраски.

Для посадки в тенистом месте можно использовать однолетники и двулетники: агератум, анютины глазки, бархатцы, мальва, маргаритка, незабудка, лобелия, лунария, немезия, наперстянка, настурция, цинерария. Для раннего весеннего цветения можно посадить мелколуковичные цветы: хиодоноксу, хохлатку, рябчик, иридодиктиум, крокус, кандык, подснежник, гиацинт, белоцветник, мускари, пролеску, пушкинию.

Для осеннего цветения - безвременники, осенние крокусы, цикламены. Неплохо посадить низкорослые бальзамины и бегонию. Перед заморозками эти цветы можно перенести в дом,где они будут цвести всю зиму,а следующей весной снова высадить в сад.
Растения тенистого сада не всегда имеют шикарные цветы, но многие из них обладают красивой листвой.

Как видите, выбор достаточно велик, нужно только применить свою фантазию и место для отдыха летом станет любимым.

Жизнь луковичных после выгонки

Приятно видеть цветущие среди зимы нарциссы, тюльпаны, гиацинты и другие луковичные. А что делать с ними после выгонки? Тем более, если сорт дорогой и редкий. Попробуем разобраться.

<u>Крокусы</u> - достаем их из горшка, просушиваем, а весной высаживаем на дачу или участок возле дома.

Есть крокусы, которые цветут два раза. Такое растение зацветет осенью. А если простой сорт, то он зацветет только следующей весной.

<u>Тюльпаны</u>. Есть низкорослые, среднерослые и высокорослые сорта. У растений с низкорослыми и короткими цветоносами срезаем цветки вместе с листьями, очень мало поливаем и спустя три недели после цветения выкапываем.

Среднерослые и высокорослые после срезки поливаем и подкармливаем. После пожелтения листвы прекращаем подкормки и ограничиваем полив. Освещение же должно быть хорошим. После того, как засохнет листва, луковицы выкапываем. Просушиваем при температуре 24*с в течение двух недель, потом месяц-при 17-20*С. До высадки в грунт храним при температуре 14-15*С. Этот температурный режим позволяет сохранить луковицы в нормальном состоянии, т.е они не усыхают и не трогаются раньше времени в рост.

В открытый грунт высаживаем в обычные для тюльпанов сроки. Год-два нужно не давать растениям зацвести. Спустя три года их можно снова использовать для выгонки.

<u>Нарциссы</u>. Чешуйки луковиц живут до 4 лет. Выгонка цветов не до конца их истощает. После неё они спокойно пролежат до посадки и затем нормально восстанавливаются.

<u>Анемоны</u>. После выгонки в открытый грунт высаживают вместе с комом земли и ждут, пока засохнут стебли. После этого клубни выкапывают, очищают от земли и старых корней и хранят до новой посадки.

Все луковичные растения после выгонки очень ослаблены и не годятся для повторной. Как минимум, год-другой, им нужно отдохнуть. После этого можно повторить выгонку.

Если вы занятый человек

Так хочется наслаждаться цветочной красотой. А если Вы работаете всю неделю и можете бывать на участке только в выходные? Что же тогда выращивать?

Обычно, дачный сезон начинается не раньше майских праздников, а в некоторых регионах ещё позже.

Тогда придется отказаться от раннецветущих луковичных: крокусов, пролесок, ранних нарциссов. Нет смысла их сажать осенью, когда они цветут в апреле, и Вы их цветение просто не увидите. При выборе тюльпанов лучше выбирать позднецветущие.

Гладиолусы можно сажать в середине мая. Только выбирать нужно ранние сорта. А вот бегонии и георгины успеют зацвести, если Вы их высадите в горшки дома в конце марта - начале апреля.

Рассаду однолетников придется выращивать самим или покупать готовую на рынке. Но есть неприхотливые однолетники, семена которых можно сеять непосредственно в грунт. Это васильки, настурция, бархатцы, декоративные подсолнухи, космея, алиссум, однолетние маки, лаватера. В это же время можно посеять в грунт декоративную тыкву, цветущую оранжевыми цветами, а также ипомею, цветущую красивыми воронкообразными цветами. Семена предварительно замачиваются. От очень популярного душистого горошка придется отказаться. Ведь для того, чтобы он зацвел в середине лета, на рассаду его нужно сеять не позднее конца апреля.

При выборе многолетников выбирать лучше летнецветущие. Такие, как арабис, прострел, ранние примулы, морозник и другие - цветущие в апреле-начале мая, не для Вас. Привередливые розы и клематисы, нуждающиеся в укрытии на зиму, Вам тоже не подходят. Если Вы их вовремя весной не откроете, они просто погибнут.

Если нет времени, места и желания для выращивании рассады, то придется отказаться от долгоцветущих однолетников – петунии, бальзамина, львиного зева, лобелии и других. Что, неужели все так мрачно? Нет, конечно. На рынке всегда можно весной купить уже готовую цветущую рассаду. Если же Вы рано приезжаете на участок, то в конце апреля некоторые семена можно посеять сразу в грунт и накрыть пленкой. Такая рассада зацветет несколько позже, но зато она будет более закаленная, чем выращенная дома на подоконнике. Таким образом, можно посеять бархатцы, астры, душистый табак, кохию и другие культуры.

И все-таки, если времени совсем нет, и Вы бываете на участке лишь в выходные, то об однолетниках придется забыть. Вам нужны неприхотливые многолетники, не требующие частых поливов, регулярной прополки, подвязки к опорам. Здесь же будут уместны декоративные кустарники, не требующие ухода, нуждающиеся в поливке только при посадке и в очень жаркое лето

Цветная мозаика колеуса

 Колеус - это полукустарник из семейства губоцветных. У него удлиненно-сердцевидные зубчатые или пильчатые листья. Его родина - тропическая Азия и Африка.

В культуре выращивается, в основном, гибридный колеус Блюме с бархатистыми листьями. Листья имеют разнообразные расцветки.

Здесь присутствуют пятна, полосы разных колеров в самых причудливых сочетаниях, образующие мозаичные рисунки. Края пластинок могут быть рассеченные или бахромчатые. Невзрачные мелкие цветки голубого цвета собраны в колос. Для усиления декоративности листьев их рекомендуется удалять. Высота растений при надлежащем уходе может достигать 1 метра.
Размножается колеус семенами или черенками.

Размножение черенками (вегетативный) способствует сохранению признаков материнского растения.

Как правильно вырастить и сохранить колеус?

Сеют семена в феврале – марте в ящики, заполненные смесью из дерновой, листовой земли и песка в равных частях . Семена очень мелкие, поэтому при посеве их лишь слегка присыпают песком.

При температуре 22*С всходы появляются через 2-2,5 недели. Сеянцы пикируем в плошки по схеме 2 х 2. В фазе 1-2 пар листьев растения высаживаем в горшки большего диаметра. Чтобы обеспечить лучшее кущение верхушки прищипываем. Делать это нужно не очень часто, примерно, 1 раз в 1-2 месяца. Содержим на хорошо освещенном месте. От степени освещения зависит интенсивность окраски листьев.

Черенкование можно вести круглый год, но лучшее время, все- таки, для этих целей февраль-апрель. Срезаем верхушечные стебли с 3-4 парами листьев и ставим в воду. Когда образуются корни, через 10-15 дней, растения высаживаем в горшки. Опять же, прищипываем верхушки. Состав земли такой же, как и при пикировке.

Растения плохо реагируют на недостаток влаги. Но при её переизбытке загнивают корни. Посаженные растения необходимо притенять от прямых солнечных лучей

В открытый грунт высаживаем в начале июня. Летом растения хорошо реагируют на подкормки, особенно калийные. Раз в 10 дней подкармливаем раствором коровяка (1:10) или минеральными удобрениями (1-1,5 г/л). В саду их хорошо использовать как подбивочный материал для более высоких растений. В кашпо и ящиках колеусы неплохо сочетаются бархатцами, петуниями, настурциями, бегониями.

Осенью заносим колеус в дом и используем как маточные растения. Сохраняем зимой на прохладном (15-16*с) окне в светлом помещении. Поливаем умеренно. Температура ниже 15*С может спровоцировать загнивание стеблей, сбрасывание листьев. В феврале все побеги срезаем на «пень», оставляя при этом 3-5 почек для нового прироста.

Сейчас выведено много новых сортов колеуса.

Смесь «Визард»- это богатая гамма расцветок с уникальными расписными узорами.

Колеус «Дрэгон Блек» - пришелец из фэнтезийного мира. Его темно-пурпурная окраска листьев и крупная резная кайма по краю листа напоминает гребень дракона из сказок.

Сорт «Геро» с темно-фиолетовыми, почти черными листьями, «Юльке» - бархатисто-красный с зеленой каймой.

Выбор огромен, на любой вкус!

Черные садовые муравьи.

Хотелось затронуть тему, думаю, волнующую не только меня. А тема о черных садовых муравьях. Не знаю, кому как, но мне они стоят уже поперек горла. Можно спорить очень долго, полезны муравьи в саду или нет, однозначного ответа никто не даст. Но для меня -это враги, да еще какие! В чем же проявляются их "вражеские" действия?

Садовые муравьи любят питаться сладкими выделениями тли. Они специально "пасут" их, разводят, перенося на еще не заселенные тлей деревья и кустарники, а позже уносят в свои гнезда на хранение. А глубина гнезд порой достигает 1,5 метров.

Заселяясь на постаревшую древесину теплиц и парников и образуя там гнезда, черные садовые муравьи превращают эту древесину в труху.

А вы обращали внимание на почерневшие бутоны у пионов? Это тоже их работа. Если разрыть землю под кустом пиона, где наблюдается большое скопление муравьев, то там можно обнаружить их гнездо.

Так, что нужны методы борьбы с черными садовыми муравьями. Совсем, конечно, их уничтожить невозможно, но, тем не менее, бороться нужно. А теперь несколько советов по борьбе с садовыми муравьями. Рейтинг советов устраивать не буду, просто расскажу.

1. При работе на участке всегда держу наготове кипяток. Если где-то натыкаюсь на муравьиную кладку, раскапываю ее и заливаю крутым

кипятком. Эту процедуру повторять нужно несколько раз, за один раз все не уничтожишь.

2. Залить "жилье" муравьев можно любыми инсектицидами - от "дециса" до "карате". Концентрацию необходимо делать больше, чем для опрыскивания растений.

3. Можно разрыть гнездо и посыпать его известью - пушонкой или табачной пылью.

4. Если на участке между грядок положены доски, то это очень удобное место для жилья муравьев. Что делаем? Переворачиваем доски, опрыскиваем раствором любого препарата против колорадского жука дорожки муравьев и нижнюю сторону доски и тут же укладываем на место. Кстати, от этого погибают не только муравьи, но и голые слизни.

5. Еще один неплохой способ. Когда чеснок начинает идти в стрелку, Вы выламываете стрелки. Так вот, можно из стрелок сделать не очень толстые жгутики и обвязать ими стволы деревьев на высоте 20-30 см от земли. Или просто натереть стрелками стволы. Черные муравьи стороной обходят "ароматные" участки.

6. Ну, а этот совет для тех, у кого есть легковой автомобиль. Берете лысую покрышку, режете ее пополам по кругу - и получается два полукольца. Заранее выкапываете канавку вокруг дерева или кустарника. В эту канавку укладываете разрезанную покрышку и наполняете ее водой. Т.к черные муравьи, как и все ползающие, плавать не умеют, то эту преграду им не преодолеть. А если добавить в воду хвойного концентрата, то его запах будет отпугивать садовых муравьев.

Примерный расход : 35 гр. концентрата на 10 литров воды. Если увеличить норму до 75 г на 10 литров воды, то этот раствор может убить их кладку.

7. Помочь в борьбе с черными садовыми муравьями помогут гранулированные препараты для уничтожения этих вредителей, например, "Гром". Препарат в небольших количествах раскладывают около гнезд и на тропинках их движения. Кушают они ее с удовольствием, ну и, естественно, погибают.

Думаю, методов борьбы перечислено достаточно, какой-нибудь Вам поможет в борьбе с садовыми муравьями.

Анемоны - украшение сада

Красивое декоративное растение семейства лютиковых.

Название произошло от греческого слова "анемос" - ветер. Насчитывается около 100 видов.

Невысокие травянистые растения с корневищами, реже с клубнями, с ажурной листвой, которая после цветения отмирает. Из-за своей специфики роста относятся к эфемероидам, по-простому, к подснежникам. Цветут ранней весной, но имеются и виды с летне-осенним сроком цветения.

Цветки диаметром 1-8 см, имеют различную окраску - белую, розовую, голубую, синюю, желтую. Цветки одиночные.

Хорошо растут на окультуренной почве. Размножаются корневыми отростками, корневищами, семенами. Семена высеваем под зиму сразу в грунт или в ящики. Посеянные весной, они плохо всходят. Для вегетативного размножения лучшее время - конец лета, август.

Сажаем на глубину 3-5 см. На зиму посадки засыпаем слоем (до 10 см) листвы, мульчируем перегноем или торфом.

Имеется много разных сортов, форм и гибридов. Вот некоторые из них.

Анемона амурская - высота до 20 см. Имеет рассеченные цветки белого цвета 2-2,5 см в диаметре. Цветет во второй декаде мая в течение 20 дней.

Анемона гибкая. Растет в лиственных лесах Дальнего Востока. Цветки белые, диаметром 12 см.

Анемона гибридная - садовая форма. Это осенний цветок, т.к. цветет в августе - сентябре. Имеет трехлопастные, зубчатые листья. Цветоносы возвышаются над листьями на высоту до 100 см. Сами же листья достигают высоты 30-40 см. Цветки бледно-розовые, диаметром 5-8 см. Собраны в рыхлые зонтиковидные соцветия. Цветут около 40 дней.

Анемона дубравная. Образует сплошной покров высотой 18-30 см. Цветки белые, диаметром до 3см, одиночные.

Анемона лесная. Известный вид. Распространена от юго-запада Европы до Камчатки. Высота 25-40 см, с крупными (3-4см) цветками белого цвета. Цветение - в конце мая, продолжительностью 10-15 дней.

Анемона лютичная. Цветет в начале мая ярко-желтыми цветами в течение 15-18 дней. Диаметр цветков 1,5-2 см. Слабо разрастающееся растение.

Анемона нежная. Относится к клубневым анемонам. Высотой 10-12 см. Цветет цветками голубого цвета, диаметром 2,5- 3 см в начале мая, в течение 10-15 дней.

Анемона удинская. Растет по опушкам и суховатым склонам. Высотой 15-20 см. Цветоносы одиночные, с чисто белыми цветками. Цветет в конце мая - начале июня 18-20 дней.

Анемона корончатая. Относится к клубневым анемонам. Высотой до 30 см, с крупными цветками, с большим количеством расцветок. Клубневые анемоны самые неприспособленные для выращивания в холодном климате. Если клубни с побегами высадить в грунт после возвратных заморозков, то растение будет расти и развиваться до снегов. После выпадения снега, выкапываем клубни, подсушиваем, и отправляем на хранение. Если же посадили их в грунт в август и в зиму хорошо укрыли, то весной они порадуют обильным цветением. После цветения уйдут на покой до следующей весны.

Посаженные в подходящие условия, анемоны хорошо разрастаются. Их можно высаживать группами на газоне, под деревьями, в смешанных посадках

Многолетние лианы. Клематисы.

Выбор их достаточно большой. Это и клематисы, и княжики, актинидия, девичий виноград, хорошо известный Вам хмель, вьющиеся жимолости, гортензия черешковая, плетистые розы, лимонник, ну и прочие, все перечислять не буду. Расскажу о каждой отдельно.

Имя "клематис" происходит от греческого "klema". Ранее так называлось любое вьющееся растение, чаще всего его называют "ломоносом" из-за семян, которые имеют загнутый вырост. Англичане называют его более поэтично: "пламя", "девичьи волосы", "радость пастуха", "радость путешественника". Да, красиво звучит! Клематис можно встретить на всех континентах, кроме Антарктиды. Как же правильно вырастить и сохранить эти цветы?

Как посадить клематис?

Сажаем на защищенных от ветра месте. На дне посадочных ям делаем дренаж из битого кирпича, гальки, гравия. Для тяжелых почв размер посадочной ямы - 70 х 70 х70 см, для легких- 50 х 50 х 50 см. В яме делаем холмик, расправляем по нему корни, присыпаем земляной смесью и увлажняем. Земляная смесь для клематиса: торф, перегной, огородная земля, песок (пропорция 1:2:2:1), 2-3 стакана золы,100-150 минеральных удобрений,150-200 грамм доломитовой мук.

При посадке клематисы обязательно заглубляем, чтобы предохранить корни от вымерзания зимой и перегрева летом. Узел кущения для молодых растений должен быть ниже уровня почвы на 5-8 см, для взрослых - на 8-10 см. Сам узел кущения присыпаем чистым песком, смешанным с древесной золой и толченого древесного угля. Почву мульчируем торфом или перегноем. После посадки сразу устанавливаем опору.

Лучшее время для деления и пересадки клематисов - начало мая, когда земля уже оттаявшая.

Летом же пересаживать можно, когда побеги одревесневают. Можно пересаживать и осенью, в конце августа - начале сентября.

Какие бывают виды клематисов?

Травянистые - побеги отмирают к концу вегетации. У них округлые побеги.

Полукустарники - нижняя часть, одревесневевшая, сохраняется несколько лет; верхняя ежегодно отмирает. Имеют 4-6-гранные побеги.

Кустарники - зимуют полностью одревесневевшие побеги.

Большинство видов - лианы-верхолазы. Они обвивают опору при помощи черешков листьев.

Пробуждение весной.

Как только воздух прогревается до 6*С, пробуждаются почки, а после трогаются в рост побеги. Несмотря на то, что побеги очень тонкие, за счет своей прочности, могут подниматься на высоту до 5 метров. После окончания роста побегов, появляются соцветия.

Клематисы делятся на ранние и поздние.

Ранние цветут через два месяца после весеннего пробуждения, поздние - в конце лета.

При наступлении устойчивых заморозков цветение прекращается. Кратковременное понижение до -2..-7*С растениям не страшны, после потепления бутоны раскрываются.

Окраску имеют самую разнообразную - белую, желтую, от бледно-голубой и бледно-розовой до бархатно - красного и синего. Цветки бывают как одиночные, так и собранные в соцветие-метелку. Цветок цветет около 1-2 недель. Махровые цветки цветут до 3 недель.

Группы

Группа Жакмана.

Крупные кустарниковые лианы с хорошо развитой корневой системой. Цветки одиночные, раскрытые, до 20 см в диаметре, без запаха. Цветение обильное, достаточно продолжительное на побегах текущего года. На зиму побеги необходимо обрезать до уровня почвы при заглубленной посадке. При нормальной посадке оставляют основания побегов с 2-3 парами почек.

Группа Витицелла.

Кустарниковые лианы. Длина может достигать 3-3,5 метров. Цветки раскрытые, в диаметре около 12 см. Цветут на побегах текущего года.

Обычно розово-красно-пурпурные бархатистые расцветки. На взрослом растении одновременно могут распускаться сотни цветков. На зиму побеги нужно обрезать.

Группа Флорида.

Кустарниковые лианы. Побеги могут достигать 3 метров. Цветки до 12 см в диаметре светлых оттенков. Цветут на побегах прошлого года. Осенью, после цветения, побеги необходимо укоротить до 1-1,5 метров и сохранять зимой под укрытием.

Группа Патенс.

Кустарниковые лианы, с побегами длиной до 3,5метров. Цветки одиночные, звездообразные, диаметром до 15 см. Имеют окраску: светлую и яркую сине-фиолетовую, пурпурную. Цветут на побегах прошлого года. После цветения, побеги необходимо укоротить, удалив отцветшую часть. Зимой сохраняем под укрытием. Зимостойкость низкая.

Группа Ланугиноза.

Кустарниковая лиана, с побегами длиной до 2,5 метров. Цветки 20 см в диаметре, широко раскрытые и имеют светлую окраску - белую, голубую, розовую. Цветет на побегах прошлого года. Цветочные почки закладываются осенью. На одном растении может цвести до нескольких десятков цветков. Во второй половине лета на приросте текущего года цветение может повториться. Если осенью растение сильно обрезать, то цветение наступит во второй половине лета на побегах текущего года. От клематисов этой группы можно получить семена.

Группа Интегрифолия.

Зачастую это полукустарники, сильнорослые, до 1,5 метров высотой. Цветки колокольчатой формы, до 12 см в диаметре. Бутоны поникающие. Цветут на побегах текущего года достаточно обильно. На зиму побеги обрезаем.

Группа Мелкоцветковых клематисов.

Диаметр цветков 2-4 см. Эта группа более зимостойкая, чем крупноцветковые. Они рано зацветают, цветут обильно. К этой группе относятся восточный, метельчатый, тангунский, мелкоцветковый, жгучий.

У меня растет клематис тангунский и мелкоцветковый. Цветочки, конечно, малюсенькие, но их так много! Хлопот по выращиванию и сохранению зимой, практически, нет, только лишь снять с опоры и укрыть.

Как подготовить клематис к зиме?

У клематисов первого года посадки осенью побеги обрезаем до 3-4-й пары почек. Срезы фиксируем, направляя их вниз, чтобы в их полость не попала вода. При замерзании зимой, она может повредить стволики. Сверху необходимо укрыть слоем сухой земли (смесь перегноя, торфа и песка) из расчета 1-2 ведра на куст. Желательно сверху этот холмик накрыть еще хвойными ветками. Почему именно хвойными? В отличие от палого листа, они не слеживаются, и не плесневеют. Исключение составляет дубовый лист. Он не слеживается, долго не гниет и хорошо пропускает воздух.

При наступлении устойчивых отрицательных температур, клематисы обрезаем и укрываем.

Весной укрытие снимаем постепенно. При интенсивном таянии снега снимаем лапник, а при поднятии температуры выше -5*С постепенно снимаем холмик с клематиса.

Как размножить клематис?

В июле-августе от побегов со средней части куста нарезаем отрезки длиной 10-15 см с одним листовым узлом и высаживаем в чистый песок на глубину 4-5 см. Под песком насыпана земляная смесь. Примерно через месяц, в течение которого происходит укоренение, пересаживаем клематис в 8-10-сантиметровые стаканчики. Чуть позже, когда растение освоит эту емкость в горшки большего размера. А на следующую весну высаживаем в открытый грунт.

Какие болезни и вредители бывают у клематисов?

Молодые побеги могут поражаться тлей, от которой можно избавиться соответствующими инсектицидами. Причиной появления увядших плетей является гриб - возбудитель пятнистости клематиса. Такие растения выбрасывают. А при появлении беловатого налета на листьях и цветках - мучнистой росы, обрабатываем растение серой или препаратом против этого заболевания. Вообще, цветущие клематисы, потрясают своими расцветками и количеством цветов!

Многолетние лианы. Девичий виноград- партеноциссус

Продолжаем знакомиться с многолетними лианами в саду.

Сегодня я расскажу Вам о девичьем винограде.

Научное название - партеноциссус, но мы будем называть его просто, девичий виноград.

Многолетнее вьющееся растение. Летом листва имеет обыкновенный зеленый цвет, ну, а осенью его листва приобретает огненно-красную окраску, что естественно, привлекает внимание.

Девичий виноград цветет в июне-августе. Цветки бело-зеленые, мелкие. Обычно собраны в метелки. После цветения образуются мелкие плодики черно-синего цвета.

Как сажать девичий виноград?

Выкапываем ямку глубиной около 60 см, на дно укладываем дренаж из разных черепков и битого кирпича. Земляная смесь состоит из компоста, песка и садовой земли в пропорции 2:2:1. Можно в эту смесь добавить нитрофоску. Посадку проводим весной до распускания почек, т.к они очень хрупкие. Корни обмакиваем в глиняную болтушку. И сажаем! Естественно, поливаем и мульчируем - можно сухими опилками. Толщина мульчи не менее 3 см. Сразу же ставим опоры для растений. В молодом возрасте стебли девичьего винограда не могут самостоятельно цепляться за опору, поэтому их необходимо направлять, закручивая против часовой стрелки. "Повзрослев", он образует усики. Усики имеют разветвления и на каждом из них есть "присоски". Вот, при помощи этих "присосок" девичий виноград достаточно прочно цепляется за опору.

Как ухаживать за девичьим виноградом?

В первые 2-3 года у него активно растут корни, а также образуется мощная крона. В этот период уход за ним обычный - прополка, рыхление почвы, поливка в засушливый период, подкормка удобрениями. Можно использовать коровяк, разведя его водой в пропорции 1:10, и добавив столовую ложку нитрофоски. Удобрения вносятся вечером и только в жидком виде.

Как зимует?

Корни девичьего винограда достаточно глубоко уходят в землю, поэтому он может зимовать и без укрытия. Весной, естественно, обрезаем поломанные стебли, приводим кустик в порядок и он снова начинает расти.

Как размножить девичий виноград?

Растение достаточно неприхотливо. Легко размножается семенами, которые высеваем осенью, с тем, чтобы семена прошли естественную стратификацию, одревесневевшими и зелеными черенками. Одревесневевшие черенки нарезаем так, чтобы на нем имелся один глазок. Против глазка делаем косой длинный срез. Длина над глазком должна быть не более 1 см. Черенок высаживаем в смесь из торфа и песка до уровня глазка, поливаем и накрываем пленкой, а можно накрыть банкой. Через месяц мы увидим новый побег, у которого уже образовались корни. Оставляем его на этом месте до следующей весны. А уж следующей весной пересаживаем на постоянное место. Девичий виноград способен к интенсивному росту. С его помощью можно создать тенистую зону на участке. Чтобы зона отдыха выглядела опрятно, растение необходимо периодически обрезать.

Посадите его, и у Вас будет место, где Вы сможете отдохнуть и спрятаться от палящих солнечных лучей!

Многолетние лианы. Декоративная жимолость

Ну, что, мои уважаемые читатели, готовы к продолжению экскурсии по многолетним лианам?

Тогда идем в гости к декоративной жимолости.

Декоративная жимолость очень удобна для озеленения садовых участков.

Удобна тем, что среди более, чем 200 видов, имеются и почвопокровные растения, и эффектные кусты, и пышные лианы. Многие из них засохоустойчивые, и тенелюбивые. Т.е выбор на любой вкус и цвет.

Лианы легко стригутся, так же легко размножаются зелеными черенками или семенами. Являясь отличным медоносом, они привлекают множество полезных насекомых. Ягодами любят полакомиться птицы. Большинство растений может расти на любой почве и достаточно зимостойко. Однако, вьющиеся жимолости более теплолюбивы, чем кустарниковые. Они могут пострадать во время зимы, но способны быстро восстановиться за счет нового прироста.

Для посадки таких растений выбираем солнечное и защищенное от холодных ветров место. Осенью снимаем плети с опор и укрываем хвойным лапником.

Как вырастить декоративную жимолость из семян?

Семена жимолости сохраняют высокую всхожесть до двух лет, после четырех-пяти лет хранения всхожесть падает, а после семи лет семена вообще не прорастают. Для получения семян берем созревшие плоды и выдавливаем на какую-нибудь бумагу. Сок высохнет, а семена останутся. На этой же бумаге сохраняем их до посева. Лучший срок их посева - март-апрель.

В предпосевной обработке семена не нуждаются. Перед посевом замачиваем их в воде. Посев производим в ящики или горшки, заполненные легкой плодородной почвой, состоящей из равных частей перегноя, торфа и речного песка.

При посеве семена заглубляем на 0,5-0,7 см, верхний слой почвы присыпаем слоем песка в 1 см. Сверху емкость накрываем стеклом или прозрачной пленкой. При постоянной температуре 20-24*С всходы появляются через 30-35 дней.

Не забываем регулярно увлажнять почву. Поливаем осторожно, стараясь не вымыть семена.

На постоянное место высаживаем на второй год.

Разновидности декоративной жимолости.

Низкорослые виды.

Жимолость Шамиссо. Имеет шаровидную крону с мелкими округлыми листьями и розово-фиолетовыми цветками.

Жимолость Морроу. Японский вид, цветущий цветками с тонкими белыми лепестками. Осенью образует оранжевые и темно-красные ягоды. Зимой у нее иногда обмерзают верхушки.

Жимолость шапочная. Почвопокровное растение. Образует на земле побеги до 1 метра, способные укореняться. Цветет редко.

Теневыносливые виды.

Сюда относятся дальневосточные виды - Шамиссо, Максимовича, Маака, Рупрехта, золотистая, покрывальная.

Жимолость Маака - одна из самых нарядных. Цветет белоснежными душистыми цветками. Осенью образуется большое количество красных ягод, которые держатся на ней до самой зимы.

У жимолости Рупрехта и золотистой цветки имеют золотисто-желтый цвет и образуются кораллово-красные ягоды.

Красивоцветущие декоративные жимолости.

Жимолость татарская.

Она хорошо известна садоводам. За многие годы ее культивирования получено много декоративных сортов.

Вот некоторые из них: Alba- цветет белыми душистыми цветками и образует желтые плоды; Fenzlii - имеет золотисто-пестрые листья; Grandiflora - цветет крупными чисто-белыми цветками.; красноцветковые сорта - Haks Red, Amold Red, Punica; Elegans, Asgull - сорта с красными цветками в розовую полоску.

Жимолость Королькова.

Встречается в садах очень редко, хотя не уступает по своей нарядности жимолости татарской.

Достаточно морозостойка и засухоустойчива. На растении распускается такое количество нежно-розовых цветков, что за ними порой не видно листьев.

Вьющиеся декоративные жимолости.

Жимолость каприфоль - самая распространенная из этого вида.

Побеги могут достигать более 5 метров. Имеет крупные зеленые листья. Цветет розово-кремовыми цветками, излучает пленительный запах, чем привлекает опылителей. Цветет в течение 20-25 дней. После цветения образуются красно-оранжевые ягоды.

Жимолость покрывальная.

Куст высотой до 3 метров. После цветения в июне небольшими желтоватыми цветками растение становится привлекательным, благодаря крупным пурпурным прицветникам, окружающим плоды.

К вьющимся относятся и другие лианы – Рупрехта (с высотой до3 метров); Максимовича (высота до 3 метров); татарская (более 3 метров высотой); Маака (до 4 метров); поникшая (более 3 метров); золотистая (до 3,5 метров); Фердинанда (до 3 метров).

Как правильно сажать декоративные жимолости?

Весной лучше сажать сорта с поздней вегетацией, например, жимолость сизая, альпийская, Брауна, покрывальная, Маака.

С августа и до середины октября сажаем раннецветущие сорта - Шамиссо, Ледебура. Выкапываем ямку около 50 см глубиной, сажаем растение на такую глубину, какая была в горшке или контейнере. Землю обжимает, проливаем, ставим сразу опору. Если растение приобретено с закрытой корневой системой, то посадку можно проводить с весны до осени.

Можно размножать отводками.

Для этого пригибаем побег, закрепляем его, надрезаем и закапываем на глубину до 2,5см. Удаляем все листья. Через1-1,5 месяца образуются корни. Следующей весной пересаживаем на постоянное место.

Болезни декоративной жимолости.

Большинство декоративных лиан мало подвержены болезням и нашествию вредителей, но тем не менее....

Растения могут поражаться мучнистой росой. Для борьбы с ней используем подходящие фунгициды.

Еще "напасть" могут кое-какие "враги", которых нужно знать в лицо. Вот они.

ЖИМОЛОСТНАЯ ТЛЯ -- на молодых побегах листья желтеют, либо сворачиваются, останавливается рост побегов.

Летом опрыскиваем настоями чеснока, табака, актелликом, конфидором, препаратами «Актара», «Элексар».

ЖИМОЛОСТНЫЙ КЛЕЩ - клещи активно развиваются во влажных условиях, особенно в загущенных и затененных посадках. На нижней стороне листьев появляются темные бесформенные пятна, а в конце лета все листья на кусте буреют, высыхают и скручиваются.

Края у листьев становятся гофрированными, листья опадают раньше срока. У ослабленных клещом растений верхняя сторона листьев покрывается сажистыми грибками в виде черного налета. Полезно прореживание загущенных посадок, обработка акарицидами (омайт, тедион, маврик), а в конце июня 0,257%-ным "Актелликом", "Конфидором".

ЩИТОВКА - эти мелкие вредители, покрытые сверху щитком, плотно прикрепляются к коре и высасывают сок из ветвей и побегов. Опрыскиваем жимолость в конце июня дважды с интервалом в 10-15 дней "Актелликом". Ветки, на которых поселилась щитовка при температуре воздуха выше 0°С можно облить керосином.

ЛИСТОГРЫЗУЩИЕ ВРЕДИТЕЛИ - несколько видов насекомых питаются листьями жимолости, не нанос серьезного ущерба, но при этом снижается декоративность кустарников. Насекомые-вредители на жимолости немногочисленны, поэтому устраняем их, собирая руками. Если в начале лета на растущих побегах появляются скрученные листья - это работа листовертки. На листьях могут поселиться пилильщики, пяденицы, а также растительноядные клопы. В период массового появления вредителей применяем 0,05%-ный "Децис"или «Инта-Вир».

Уход за декоративными жимолостями

Уход за любыми растениями, в принципе, одинаков - рыхление, прополка.

Только здесь, у растений старше 5 лет, рыхление и прополку лучше заменить на мульчирование. В качестве мульчи подойдут опилки, мелко рубленая щепа, скорлупа кедровых орехов (это же сколько орехов нужно употребить, чтобы запастись необходимым количеством мульчи?!).

Подкормки.

Особенно полезны для вьющихся жимолостей.

Органические удобрения - вокруг куста до 5-7 кг/кв.м один раз в 3-4 года. Используем навозную жижу, разведенную 1:6 или птичий помет в пропорции 1:10.

Азотные удобрения - способствуют образованию мощных побегов и листьев. Однако, азотными удобрениями увлекаться не советую, т.к их переизбыток ведет к образованию большой листовой массы в ущерб цветению.

Фосфорные удобрения - для улучшения роста корневой системы.

Калийные удобрения - повышают устойчивость к грибным заболеваниям.

Исходя из вышеперечисленных рекомендаций, вносим под одно взрослое растение: весной - мочевины 10-15 гр, а осенью - 10-15 гр. калийного удобрения и 15 гр. суперфосфата.

Весеннюю подкормку проводим до начала роста побегов, с тем, чтобы азот, входящий в мочевину и любую разновидность навоза проник в зону активной части корневой системы. Помимо этого, растениям требуются и микроэлементы.

Кустам старше 6 лет необходима обрезка. Обрезаем сухие побеги и ветки нижнего яруса, которые ложась на землю, просто мешают.

А каждые 2-3 года проводим омолаживающие обрезки, вырезая мелкие и старые ветви. Желательно оставлять не более 5 мощных стволов.

Казалось бы, так много написано, а выращивание и уход совсем не сложный. Достаточно попробовать один раз, а дальше все пойдет, как по накатанной дорожке.

Желаю успехов в выращивании и уходе за декоративными жимолостями!

Многолетние лианы. Гортензия черешковая

Сегодня у нас в гостях гортензия черешковая.

Род гортензия включает красивоцветущие листопадные кустарники, реже лианы. Большинство видов предназначены для выращивания в открытом грунте. Дома выращивают более чувствительные к холоду.

Гортензия черешковая – это деревянистую лиану, достигающую в длину до 25 м. Произрастает на юге Сахалина, в Китае, Японии.

У лианы мощная корневая система, которая требует большой влажности и богатой почвы. Она может взбираться на высокие деревья при помощи корней-присосок, которые густо покрывают всю оборотную часть ствола.

Мелкие корешки впиваются в плотные внешние слои деревьев, поэтому лиана прочно может удерживаться на деревьях. Предпочитает полузатененное местоположение, однако может неплохо себя чувствовать на солнечных местах, разрастаясь и цветя более пышно. Свое название "черешковая" лиана получила за свои красивые листья с длинными черешками. За счет черешков листья тянутся к свету и образуют нарядную листовую мозаику. На концах горизонтальных ветвей, отходящих от ствола на 20-30 см, формируются соцветия, такие же, как и у остальных гортензий.

В середине соцветия находятся мелкие, невзрачные цветки, а по краю чисто-белые, бесплодные. Такая форма соцветия встречается и у калины.

Растение насекомоопыляемое. Вот эти белые цветки и привлекают насекомых.

Если гортензию черешковую оставить без опоры, то она принимает почвопокровную форму. Плети укореняются на земле присосками, которые быстро преобразуются в корни и питают листья влагой из земли.

Зимостойкость достаточно высокая. Во время сильных морозов могут повреждаться наименее одревесневевшие побеги и ветви.

Посадка.

Сажаем 2-3-х летние саженцы. Известковать почву не стоит. Гортензия черешковая любит кислую почву. Сажать можно и весной, и осенью. Но лучше весной, в середине мая.

Копаем яму - для легких почв- 40 х 40 х 50 см; для глинистых-60 х 60 х 70 см. Вниз укладываем дренаж из битого кирпича.

В ямы можно добавить перепревший навоз, гранулированный суперфосфат, сернокислый калий, мочевину - тогда на 2 года можно забыть о подкормках. Если ничего вышеперечисленное не добавляем, тогда за период вегетации нужно 2-4 раза подкормить нитрофоской из расчета 15-20 грамм удобрений на ведро воды. Корневая шейка остается на уровне почвы. Сверху засыпаем плодородной почвой.

Растения высаживаем на расстоянии 1,5метров друг от друга.

Размножение.

Семенное - применяется, в основном, в селекции.

Черенкование.

В саду размножаем делением кустов, отводками, черенками.

На черенки берем боковые побеги от нецветущих веток, в июне месяце. Длина черенков 10-15 см. Со срезанных черенков удаляем нижние листья, верхние наполовину обрезаем

.Если используем для укоренения верхушечные черенки, то удаляем у них точку роста и также наполовину обрезаем листья. Используем смесь песка и торфа в равных частях.

Перед посадкой черенки обрабатываем стимуляторами роста и корнеобразователем. Сажаем в горшки, парники и закрываем пленкой или стеклом. Почвогрунт поддерживаем во влажном состоянии.

С появлением двух листочков начинаем проветривать посадочные емкости. Затем пересаживаем в новые емкости по одному, с добавлением вересковой земли, прелой листвы, сосновой хвои.

Молодые саженцы в первые годы растут очень медленно.

Поддержание внешней красоты.

Весной лиану сильно обрезаем для усиления прироста и получения более крупных соцветий. Слабые и хилые ветки тоже обрезаем. Проводим прореживание, оставляя несколько сильных ветвей с 6-8 глазками. Не забываем удалять отцветшие соцветия.

Болезни и вредители.

Гортензия черешковая может поражаться серой гнилью овощных (Botrytis cinerea) и мучнистой росой винограда (оидиум). "Победить" эти болезни можно с помощью противогрибных препаратов. Также могут "напасть " вредители: тли, трипсы, клещи. В этом случае помогут "Инта-Вир", "Актеллик","Актара".

Растение красивое, но если у Вас на участке имеются деревья, то лиану стоит сажать подальше от них.

В противном случае, она составит им серьезную конкуренцию.

Полезные советы при покупке растений. Растения и дни недели.

Растения вносят в нашу жизнь много разных эмоций. Они также по-разному влияют на человека. Купленное в определенный день недели, растение способно изменить характер человека и отношения в семье.

Итак, предлагаю Вам почитать о днях недели и купленных в эти дни растениях.

Понедельник.

Повелительница дня - Луна, планета эмоций, отвечающая за родственные отношения в семье. Растение, купленное в этот день, получает от нее свои свойства - помогает сдержанным людям стать

более эмоциональными. Если в семье есть маленькие дети или беременные женщины, то понедельник именно тот день, в который нужно покупать растения.

Вторник.

Его покровитель Марс делает людей храбрыми, инициативными, решительными. Покупайте растение в этот день, если у Вас имеются проблемы с планированием жизни, с недостаточной энергией для реализации своих планов.

Среда.

Коммуникабельный Меркурий - хозяин этого дня. Растение, купленное в среду, сделает Вас более красноречивыми, поможет развить в себе коммерческие способности, научит заводить новых знакомых.

Четверг.

Управляется Юпитером-планетой широчайших интересов и социума. Растение, купленное в четверг, поможет воплотить в жизнь свой потенциал, найти свое место в обществе, найти выгодного делового партнера или покровителя.

Пятница.

Венера - планета удовольствий, красоты и чувств. Приобретенное в этот день растение сделает Вашу жизнь более комфортной, поможет мужчинам улучшить отношения с женщинами, разовьет чувство вкуса. Помимо этого, растение Пятницы способствует материальному достатку в семье.

Суббота.

Им управляет строгий Сатурн. Покупайте растения в этот день и Вы станете более спокойными, пунктуальными,собранными. С легкостью будете рвать устаревшие отношения и легче выбрасывать старые вещи из дома.

Воскресенье.

Это день Солнца. Растения, приобретенные в этот день принесут в Вашу жизнь больше радости, света и счастья.

Не верите? А Вы проверьте!

Газоны и Луна.

Я не думаю, что при ухаживании за газоном, Вы будете сверяться с лунным календарем.

А вдруг будете? Тогда эти советы для Вас.

Газоны закладываем при растущей Луне под знаками Рака, Скорпиона, Рыб.

При убывающей Луне,

в знаках Водолеев, Весов, Близнецов газон не закладывают. Вместо хорошего газона вырастет "чахлик".

При Луне в знаке Девы газон не косится, иначе он просто погибнет.

Если хотите оставить скошенный газон на земле в качестве удобрения, то лучше это делать при убывающей Луне. При растущей Луне он будет долго гнить, лучше сгрести его в кучу и периодически ворошить.

А для быстрого роста травы косите газон при растущей Луне под знаками Рака и Скорпиона.

Для густоты - косить желательно на убывающей Луне.

Вот такие вот советы.

Разноцветье петунии. Как правильно вырастить и сохранить

Поговорим о петунии?

Разнообразие расцветок и разновидностей форм петунии нередко приводит к мучительным вопросам: » Какую же выбрать?» Столько форм – махровые и простые, мелкоцветковые и крупноцветковые, с разной формой края лепестка, ампельные и кустовые. Все хочется!

Как разобраться во всем многообразии этого растения?

Давайте разбираться.

Название цветка происходит от бразильского « petum« - «табак», наверно, из-за того, что оба растения принадлежат к одному семейству и имеют немного схожие листья. Как бы там ни было, петуния, ее садовый гибрид, более двух столетий с триумфом шагает по нашим палисадникам. На ее родине – в Южной Америке и сейчас можно встретить ее прародителей.

Широко распространенная петуния садовая, получена от скрещивания двух видов: петунии пазушной и петунии фиолетовой. В старые времена, примерно, в середине 18 века появляются первые махровые цветы, а настоящий «бум» в селекции начинается в 60-70 года 20 века. За это время выведено множество разнообразных форм и видов растения.

Мы не будем углубляться в науку. Нам важно вырастить цветок из семени, найти ему подходящее место, спасти от возможных вредителей и попробовать сохранить до следующей весны.

В открытый грунт высаживаем простые кустовые петунии или серии «мультифлора», способные быстро восстанавливаться после дождей.

Ампельные петунии, минитунии подходят для подвесных горшков и контейнеров.

Если выращиваем под укрытием, то здесь неплохо себя чувствовать будут фрилитунии, у которых после дождей, без укрытия, резные края листьев имеют непривлекательный вид.

Гибридные петунии подразделяются на два больших класса – многоцветковые (мультифлора) и крупноцветковые (грандифлора). У многоцветковых диаметр цветка может достигать 5 см, они имеют способность к ремонтантности. Крупноцветковые ремонтантностью не обладают, зато цветок может быть до 10 см в диаметре.

Махровые петунии, в отличие от простых, более требовательны к теплу, у них слабая устойчивость к дождям. Их цветки быстрее наполняются влагой и более подвержены гнилям.

Растения светолюбивы. Если выращивать их в тени, то начинается интенсивный рост листьев в ущерб цветению. Предпочитают водопроницаемые, супесчаные и суглинистые, плодородные почвы. Не любят кислую и сырую почву.

Посев семян

Сеем в феврале – начале марта, поверхностно, не засыпая землей. Грунт для посева состоит из песка и торфа в равных частях. Посевы накрываем стеклом или пленкой. Семена прорастают на 4-7 день при очень высокой влажности и температуре 23-25 *С. В начальной стадии растения растут очень медленно. Чтобы уменьшить вытягивание ростков, проращиваем на свету.

В фазе 2-3 листьев уменьшаем температуру до 18-20*С, а также уменьшаем влажность почвы. Минимальная температура при выращивании рассады не может опускаться ниже 12*С.

Если у ваших растений начали скручиваться листья, то это сигнал об очень низкой температуре и избыточном поливе. Давая слегка просохнуть верхнему слою почвы, мы избежим поражения сеянцев черной ножкой и обеспечим улучшение роста корней.

Однако нельзя допускать пересушивания почвы до увядания листьев – это затормозит их рост. В этой же фазе ,2-3 листочков, их можно распикировать в маленькие емкости.

Где - то через месяц пересаживаем рассаду в горшочки или подвесные кашпо.

После того, как минует угроза возвратных заморозков, высаживаем растение на клумбы, на расстоянии 30 см друг от друга. Для более хорошего кущения можно прищипнуть верхушку стебля.

Важно при пересадке не повредить корешки, т.к они очень нежные.

Цветение начинается в июне и продолжается до заморозков. Петунии не любят высокую температуру, некоторые из них переносят кратковременное понижение ниже 0*С. В период цветения нуждаются в регулярном поливе, но заливать не следует – грибковые заболевания не дремлют и могут поразить растения. Раз в две недели в воду для полива добавляем жидкое комплексное удобрение с повышенным содержанием калия для обильного цветения. Для профилактики от всевозможных грибковых заболеваний используем «Топаз». 2-3 обработки в вегетационный период спасет растения от напасти.

Вредители петунии.

Весной может поражаться тлей, а летом клещами. Молодые листики любят улитки. Избавиться от вредителей можно с помощью «Инта-вира», »Искры», »Фуфанона» и подобными препаратами. А вот белокрылку на петунии можно победить при помощи «Актеллика», »Актары»,»Конфидора». Необходимо провести как минимум две обработки с интервалом в 5 дней. Белокрылка, вообще страшное дело. Она любит молоденькие сочные листья. Может буквально за несколько дней уничтожить полностью всю посадку. «Разводится» достаточно интенсивно при сухом воздухе и бороться с ней очень тяжело.

Сохраняем петунию зимой.

Для сохранения выбираем наиболее понравившееся растение и заносим в дом. Содержим на прохладном солнечном подоконнике. Конечно, выглядеть она будет несколько хуже, чем летом, но все равно до весны доживет. Весной нарезаем черенки, укореняем их в воде или в грунте под банкой и снова получаем понравившееся растение. (На фото).

Природа подарила петунии утонченную красоту, длительное цветение, нежный аромат. Летом цветущая петуния в любом цветнике занимает одно из первых мест.

Сажайте и любуйтесь ее неповторимой красотой!

А вы пробовали черенковать петунию? Я пробовала.

Черенками размножаются, в основном, бахромчатые и махровые сорта.

Осенью ее пересаживают в горшки и оставляют зимовать дома в прохладном месте, с умеренным поливом.

В феврале переносят ее в более теплое помещение и поливают теплой (25-30*C) водой.

После появления на молодых побегах 2-3х листьев их срезают на черенки и ставят в воду.

Через 2 недели в воде появляются корни. После появления корней черенки высаживаются в горшочки диаметром 7 см. Для лучшего кущения растения прищипывают верхушки побегов.

Другой способ размножения заключается в том, что срезанные черенки высаживаем сразу в емкости, заглубляя их на 1см. После посадки их поливают и закрывают пленкой. Пленку периодически снимают для проветривания.

Как только черенки тронутся в рост, пленку снимаем. Через несколько дней рассаживаем петунию по горшкам.

После окончания весенних заморозков высаживаем растения в открытый грунт или кашпо.

Экзотическая бругмансия.

Невозможно описать словами красоту этого растения.

Многие путают ее с датурой (дурманом). Однако, это разные растения. У датуры цветы растут вверх и в стороны, у бругмансии всегда вниз. Датура – травянистый однолетник, бругмансия же травянистый одревесневающий многолетник. Кроме того, у них разные семена и листья.

Так что же такое бругмансия?

Свое название (brugmansia) она получила в честь Джастина Бругманса, голландского профессора естественной истории.

Включает в себя 6 видов небольших деревьев высотой 2-3 метра. Относится к семейству пасленовых; содержит в своем соке яд, поэтому нужно соблюдать необходимые меры предосторожности при обращении с ней.

Примечательной особенностью являются ее огромные поникающие цветы размером до 25 см, имеющие колокольчатую форму и оттенки белого, оранжевого, розового, желтого цветов. За свою красоту и сходство с трубой она получила название «ангельские трубы».

Родом из тропических и субтропических районов Южной Америки, бругмансия неплохо растет и в средней полосе, хотя, в открытом грунте не зимует.

В наших садах и на дачных участках она не очень распространена. Считается, что за ней достаточно сложный уход. Однако, это не так. Существует масса растений, которые летом выносим на улицу, а зимой храним в подвалах, на утепленных лоджиях, да и просто в прохладных местах. Так и с бругмансией.

В наших условиях ее лучше использовать как кадочное растение.

В первый год ей требуется емкость объемом не менее 10 литров, а если планируется дальнейшее выращивание, то емкость нужна уже не менее 20 литров.

Ну что? Попробуем вырастить и сохранить бругмансию (ангельские трубы)?

Для начала займемся разведением.

Конечно, лучше купить саженец с закрытой корневой системой и спокойно выращивать дальше. А вот нет ее в магазине, а очень хочется?! А у знакомых растет! Что делать? Естественно, попросить у них поделиться этой красотой. А вдруг не поделятся? Поделятся, поделятся!

Отрезаем чуть одревесневевшую веточку длиной 15-20 см. Отрываем нижние листья, оставив лишь сверху 2-3 штуки. Обмакиваем в препарат для лучшего корнеобразования и сажаем в грунт, состоящий из песка и торфа в пропорции 1:1. Накрываем пленкой или банкой. Через месяц растение укореняется. Пересаживаем его на постоянное место (в горшок). Можно попробовать окоренить веточки в воде. В ней тоже неплохо образуются корни.

Когда растение достигнет высоты 30 см, прищипываем верхушку для лучшего кущения. Цвести растение будет, как и при семенном разведении, на 2-й год.

Посадка.

При выращивании в емкостях, контейнерах, для улучшения устойчивости, необходимо укрепить их или вкопать наполовину в грунт, предварительно сделав по бокам несколько отверстий. Для чего это нужно? Через отверстия корни прорастают в свежую почву. Осенью, выкопав горшок, нужно просто обрезать выступающие корешки и отправить растение на хранение. При выращивании в горшках грунт должен обновляться ежегодно.

Если же бругмансия сажается в открытый грунт, то делать это нужно, когда минует угроза возвратных заморозков , т.к растение не переносит минусовых температур. Посадочная яма должна быть достаточно просторной и с большим количеством компоста. Цветок не переносит кислых почв.

Месторасположение.

Зная о ее происхождении, сажаем на солнечном месте или в легкой полутени, защищая от сквозняков. При посадке в тени образуется множество листьев в ущерб цветению.

Бругмансия довольно требовательна к влаге, поэтому почва должна быть постоянно влажной. При ее недостатке опадают цветочные почки и листья. Цветение идет волнами. В жаркие дни цветки цветут один день; в пасмурную погоду могут продержаться от двух и более дней.

Подкормки.

Так как растение достаточно мощное, то и подкормки ему требуются еженедельные. Подкармливать необходимо полным минеральным удобрением. В удобрении должно содержаться большое количество фосфора и поташа (зола или углекислый калий). При недостатке этих элементов листья желтеют и опадают. Для полива используется жесткая вода, а можно 1 раз за сезон пролить разведенной в 1 литре воды 1 гр. гашеной извести.

Вредители.

Ее зелень любит тля и сосущие насекомые. Обнаружив их, либо поврежденные листья и бутоны, обрабатываем растение соответствующими препаратами. Это могут быть: «Искра», «Фуфанон», Инта-Вир» и тому подобные препараты.

Хранение зимой.

При первом заморозке, который может погубить только листья, выкапываем бругмансию, обрезаем длинные стебли. Корневой ком заворачиваем в пленку, стягивая ее концы скотчем. Храним при температуре +5-10*С в светлом помещении. Следим, чтобы земляной ком был слегка влажный. Являясь травянистым растением, при хранении зимой, бругмансия нуждается в очень сухом помещении. В противном случае стебли могут поразиться гнилью и растение погибнет. При выращивании в горшках, растение не вытаскиваем, а заворачиваем в пленку вместе с емкостью.

В марте переносим ее в хорошо освещенное место и начинаем регулярно поливать, но не так сильно как летом.

В начале апреля применяем первые подкормки азотосодержащими удобрениями. Это может быть мочевина или аммиачная селитра.

В мае приступаем к закаливанию, ненадолго вынося на балкон или на улицу.

На постоянное место высаживаем ее, когда кончится период возвратных заморозков.

Вот и весь цикл выращивания, ухода и сохранения бругмансии.

Ничего сложного нет.

Посадите ее у себя и с весны до поздней осени Вы будете наслаждаться ее великолепными цветками и упоительным ароматом по вечерам!

Как правильно срезать и сохранить цветы в букете?

Сегодня мы будем срезать и сохранять цветы

Цветущий сад поднимает любому из нас настроение.

Некоторые из нас на дачах бывают, в силу обстоятельств, редко. Поэтому, хочется сохранить подольше эту красоту.

Цветы, которые Вы будете срезать на букеты, необходимо за несколько дней до срезки полить. Срезать их желательно на рассвете, но, коль не получается, то можно и нужно рано утром.

Если цветок не ставится сразу в вазу, то стебель нужно оставить подлиннее.

Позже, срезая часть стебля, делаем это под струей воды, чтобы не образовались воздушные пробки и растение могло свободно поглощать воду из вазы.

Срезается цветок согласно его фазе цветения.

В полураскрытом состоянии срезаются клематисы, аквилегии, анемоны.

В фазе окрашенного бутона - гвоздики, маки.

Не распустившимися срезаются нарциссы, тюльпаны, гиппераструмы.

Лилии, люпины, шток-розы, пионы срезают, когда после окрашивания бутона цветок раскрывается почти наполовину.

После полного распускания срезают георгины, астры.

Роза готова к срезке тогда, когда у нее развернется первый лепесток, а у гладиолусов раскрытие второго цветка сигнализирует о его готовности попасть в букет.

Так, цветы срезали.

Теперь посмотрим, кто из них не любит соседства в букете.

Самовлюбленный нарцисс не переносит вообще какого-либо соседства с собой, предпочитает только себя в букете. Не стоит совмещать его с ландышами, тюльпанами, гиацинтами. Насладиться букетиком долго не получится.

Королева цветника - роза - тоже предпочитает одиночество. Не стоит ставить с ней в вазу другие цветы.

Капризули - гвоздички тоже не любят соседства. Находясь в одиночестве, они могут до трех недель спокойно стоять в вазе.

Вообще, на мой взгляд, все садовые растения предпочтительно содержать по отдельности. Посмотрите, например, на те же лилии. Думаете, они потерпят рядом какую-то ромашку или колокольчик? Сомневаюсь.

То же относится и к розам, и к гладиолусам, и другим цветам. Получается, чем выше "ранг", тем больше нетерпимости к себе подобным

Мне кажется, что только луговые цветы могут выдержать чье-либо соседство и то, только из "породы" полевых цветов.

Со срезкой определились, теперь перейдем к сохранению цветов.

Георгины и астры любят смену воды вечером. Все цветы, за исключением гвоздик, любят опрыскивание, которое заменяет им утреннюю росу.

Ноготки и львиный зев после срезки поставьте в горячую воду.

В емкости с сырым песком прекрасно себя чувствуют маргаритки, незабудки, анютины глазки. Просто воткните их стебельками в песок и растения дольше простоят.

В течение 20 дней сохранят свежесть хризантемы и розы в растворе сахара (1 чайная ложка сахара на 0,5 литра воды).

Букет сирени дольше простоит, если в воду добавить 1-2 гр. лимонной кислоты на 1 литр воды.

Можно освежить увядающие тюльпаны, поставив их под электрическую лампочку.

Чтобы сохранить декоративность у мимозы в течение 5-6 дней, нужно сделать следующее: положите ее в теплую кипяченую воду(25-39*С) и добавьте несколько капель уксусной эссенции. Затем обновите срез, раздробите молотком конец стебля и поставьте в воду.

Хорошо сохранять цветы в подстилке из мха, который сохранит влагу и не гниет.

Сохранить подольше цветы в вазе поможет добавление в воду таблетки аспирина, кусочка сахара или немного соли. А можно сделать слабый раствор марганцовки или борной кислоты.

Неплохо сохраняются срезанные цветы в холодильнике. Вы пробовали? Я пробовала сохранять пионы. Для этого цветы вынимаются из вазы, оборачиваются бумагой и отправляются в холодильник на нижнюю полку.

Утром можно снова ставить в вазу.

Перед тем, как положить их в холодильник, бритвой подрезается наискосок стебель и на 2 часа ставят цветы в воду комнатной температуры. Затем заворачиваются в газету - и на нижнюю полку холодильника. Через несколько дней, если цветы подвяли, их нужно снова поставить в воду, предварительно подрезав стебель на 1-2см, на пару часов, для получения необходимого питания, и снова положить в холодильник.

Таким способом можно сохранить растения довольно долго.

Ну, а как быть, если хочется, чтобы цветы быстрее распустились?

Для этого в воду добавляем немного нашатырного спирта.

Можно поставить букет в холодную воду с молоком.

А можно сделать такой раствор: на 4 литра воды добавить 1 чайную ложку селитры или 2 чайные ложки спирта и немного нашатыря.

В любом случае, будь то сохранение букета продолжительное время, либо ускорение цветения, выбор всегда за Вами!

Наслаждайтесь цветением ваших любимых растений!

Плетистая настурция в борьбе с сорняками

Кому из нас не знакома настурция? Яркий, солнечный цветок. Думаю, многие летом обязательно высаживают ее.

Размножать ее несложно. Можно сажать прямо в грунт, замоченными предварительно на сутки семенами. По 3 штуки в одну лунку и

выдерживая расстояние между посадками в 25-30 см. Всходы появляются буквально через две недели.

А можно вырастить рассадой. Также по 3 штуки посадить в емкость, а потом вместе с земляным комом высадить в грунт. Достаточно влажная земля для нее самое хорошее место обитания.

Настурция светолюбива.

При недостатке света стебли вытягиваются и утончаются, а листья становятся мелкими. Согласитесь, что хочется иметь красивое цветущее растение, вместо "задохлика"

Если вы подкармливаете свои цветы, то не увлекайтесь органикой. При ее переизбытке вы получите шикарные листья и можете совсем не увидеть цветков. Подкармливать настурцию калийно-фосфорными удобрениями нужно тоже до цветения.

Но сегодня я хочу поговорить о пользе настурции. Как известно, сорняки не дремлют. Только солнышко пригрело и они тут как тут. И так это быстро опережают в росте культурные растения.

В прошлом году на одном участке я посадила настурцию и оставила стелиться ее по земле.

В конце сезона, приподняв ее ветви, я не обнаружила в грунте, практически, ни одного сорняка. Весной, когда сошел снег и началась "посадочная компания", участок, где росло растение, привел меня почти в восторг. Он оказался чистым. Сорняки предыдущим летом не росли, естественно, не смогли оставить свои семена.

На фотографиях явно видна разница между участками.

Думаю, это стоит взять на заметку. Я решила в этом году засадить все свободные участки настурцией. А между ней можно посадить любой однолетник, который по высоте выше. Я сажала однолетние георгины. И результат был очень даже - даже...

Вы все еще раздумываете? Тогда настурция идет к вам!

Лекарственные травы на нашем огороде

Цветы на наших участках - это, конечно, хорошо и красиво. Но хотелось бы обратить ваше внимание на некоторые полезные растения, на первый взгляд, не очень заметные на фоне цветов. Из них можно вырастить аптекарский сад-огород, создать уголки красивых и полезных растений. Сюда относятся пряно-вкусовые, малораспространенные растения.

Пожалуй, начнем. Рассмотрим эти растения как лекарственные травы.

Анис обыкновенный.

Семена растения применяются в кулинарии. Придают выпечке неповторимый чудный запах, а соленьям - пикантный вкус. В лечебных целях отвары и настои семян аниса применяют при простудных заболеваниях. Используют как тонизирующее и противовоспалительное средство.

Всходы переносят кратковременные весенние заморозки и появляются при температуре +6… +8*С. Всходы прореживаем и оставляем между ними расстояние 10-15 см.

Кресс-салат.

Растение быстрорастущее. Первую зелень можно срезать уже через 2 недели после посева.

Имеет пряный, горчичный, острый вкус и является чемпионом по содержанию минеральных солей и витаминов. В его листьях имеются: аскорбиновая кислота, каротин, витамины группы В, железо, соли калия, кальция, фосфор, йод

Майоран.

Приправа к мясным блюдам с неповторимым ароматом. Имеет другое название - колбасная трава, так как используется как основная приправа при изготовлении колбасных изделий.

В лечебных целях майоран используют как укрепляющее средство после инфаркта миокарда, при заболеваниях печени, почек и желчного пузыря, для лечения нервных расстройств, рекомендуют диабетикам.

Тимьян.

Или по-другому, чабрец. Многолетний стелющийся кустарник высотой до 30 см. В народной медицине используется как антисептическое, общеукрепляющее средство. Вас "достает" бессонница? Тогда веточка травы тимьяна избавит от нее. Для лекарственных целей используют верхнюю 1/3 часть цветущего растения.

Чабер.

Имеет и другое название - перечная трава за молодые листья, имеющие вкус и аромат жгучего перца. При добавках в соления, салаты и горячие блюда необходимо соблюдать меру. В народной медицине используется как болеутоляющее, бактерицидное и возбуждающее аппетит средство. Применяется при тахикардии, мигрени, головокружении, насморке, как потогонное средство. Чабер включают в рацион питания в небольших дозах онкологическим больным. Траву заваривают как чай из расчета 1,5 чайной ложки на 1 стакан кипятка, настаивают 20 минут, процеживают. Делят на 3 приема в течение дня равными порциями. Этим "чаем" полощут горло при ангине.

Бораго.

Из-за своего запаха, похожего на запах огурца, имеет еще название огуречная трава. Или же, по-научному, бурачник лекарственный.

Очень неприхотливое растение, которое можно выращивать на любом свободном участке. В зрелом возрасте достигает высоты 60 см.

Листья, цветки и надземная часть бораго используется как мочегонное, потогонное, слабительное средство; при неврозах, суставном ревматизме, подагре. Настой травы регулирует обмен веществ. Помимо этого, растение прекрасный медонос.

При посеве семян их заглубляют на 1,5-2 см. Всходы появляются через 1 неделю. Через месяц после всходов можно срезать листья. Несколько листиков, добавленных в окрошку, салат придаст им вкус огурца. Очень полезное растение!

Кресс водяной.

Другие названия - брун-кресс, жеруха лекарственная.

Растет в затененных местах, на влажных почвах, очень влаголюбив. Без недостатке воды расти просто не сможет. Стебель до 60 см высотой, сильноветвистый. Растение многолетнее, но выращивается как однолетник.

В пищу используются верхушки молодых побегов только в свежем виде!

Листики срезают часто, до появления цветов. После появления цветов растение приобретает горький вкус. Имеет горьковатый вкус и аромат хрена.

В народной медицине кресс водяной используется как успокаивающее, кровоочищающее. Один из лучших продуктов для очищения крови и при диетах для снижения веса. Лицам, страдающим диабетом, рекомендуется употреблять свежеприготовленный сок.

Для приготовления сока растение промывают, ошпаривают кипятком, пропускают через мясорубку, отжимают через марлю, сложенную в несколько слоев. Затем разводят горячей водой в пропорции 1 часть сока + 2 части воды и кипятят 1-2 минуты. Применяют по 1 столовой ложке 3 раза в день до еды. Сок можно применять для профилактики атеросклероза и для похудения.

Пастернак.

В народной медицине используют корнеплоды. Прекрасно помогает пищеварению. Очень полезен при туберкулезе, бронхите, пневмонии. Корнеплоды нормализуют обмен веществ, немного снижают уровень сахара, улучшают половую функцию. Сок пастернака укрепляет стенки капиллярных сосудов. Сок делается только из корнеплодов. Применяется по 1-2 чайной ложке с добавлением меда по вкусу 4-6 раз в день до еды.

При тяжелых заболеваниях принимают по 1 столовой ложке с добавлением меда 3-4 раза в день до еды.

Посев семян производят как только прогреется почва. Прорастает при температуре 5-6*С через 2-3 недели после посева. Для получения более крупных корнеплодов необходимо прореживание молодых растений.

Эстрагон - тархун, полынь-эстрагон.

Многолетнее растение, довольно неприхотливое, с хорошей зимостойкостью. Растет на освещенных участках, на плодородной почве. Не любит переувлажнения почвы-там он вымокает. На рыхлой, плодородной почве без пересадки может расти 5-7 лет.

Содержит много витамина С, рутина, каротина. Имеет приятный аромат и легкий горчичный вкус. Применяется в салатах, в маринадах и соленьях, как приправа к мясным блюдам.

Используют как мочегонное, противоглистное, противоревматическое, антиспазматическое средство. Эстрагон восстанавливает работу желудка, улучшает сон. Борется с депрессивными состояниями, улучшает потенцию, состав крови, улучшает иммунную систему. Однако, его нельзя принимать более одного месяца, при эпилепсии и при беременности.

Шпинат.

Дает хороший урожай листьев при ранних весенних посевах или при посевах в конце лета, при коротком световом дне. Можно сеять уже в апреле. Через месяц после посева листья можно использовать.

По содержанию каротина уступает лишь моркови. По содержанию витамина С стоит на третьем месте после сладкого перца и петрушки.

По содержанию железа он стоит на первом месте среди овощей.

Но шпинат содержит большое количество щавелевой кислоты, поэтому, он противопоказан людям с нарушениями обмена веществ, с болезнями почек и желчного пузыря.

При применении в кулинарии блюда из шпината нужно съедать сразу, т.к при хранении через 1-2 суток блюдо становится вредным для здоровья.

Употребляется шпинат только в свежем виде!

В пищу шпинат используют только до

образования стрелок! После образования стрелок в растении накапливается щавелевая кислота и образуются вредные азотистые соли.

Срезанный шпинат не хранят более двух дней. Его лучше заморозить, засушить.

Анютины глазки - для радости и хорошего настроения

Кого не приводили в восторг эти чудные малышки?

В былые времена, когда выбор семян был не очень велик, на дачах росли, в основном мелкие, синенькие цветочки. Лично у меня они восторг не вызывали.

Однако, спустя некоторое время, когда селекция гигантскими шагами стала двигаться вперед, мне попался пакетик с семенами анютиных глазок из серии «Рококо». Фотография впечатлила и я взялась за выращивание. Правильное название этой серии – фиалка или виола Витрока «Рококо».

Вообще-то виолы высевают в начале июля. Мне было невтерпеж, и я посеяла их весной, поверхностно, слегка присыпав грунтом – не более 5 мм, потому что на свету семена не прорастают. Грунт использовала перегнойный. После прорастания семян переместила их в более прохладное место. При появлении двух настоящих листиков, распикировала их в 200-граммовые стаканчики. Через месяц после посева пересадила в грунт, отщипнув цветоносы. А в августе» поселила» их на постоянное место.

Развивались они прекрасно и в первый же год зацвели. Это было что-то! Огромные, до 7 см в диаметре, гофрированные, с волнистыми лепестками цветки поразили меня своим разнообразием расцветок! Каких там только не было! От белых с небольшими мазками на лепестках до почти черных! Как приветливо кивали они своими цветными головками, как будто звали к себе!

Анютины глазки не переносят свежего навоза, поэтому сажала их в перегнойную почву. Цветы любят рыхлую, удобренную, легкую почву. Не переносят застоя воды. Растения любят подкормки с высоким содержанием калия и фосфора. Содержание азота в удобрении должно быть минимальным.

С приближением холодов подкормки прекращаются.

Высаживать необходимо на солнечном месте, там растения будут цвести более крупными и красочными цветками.

Корни у анютиных глазок расположены неглубоко, поэтому в жаркие дни цветы необходимо чаще поливать. Неплохой защитой от пересушивания служит мульчирование почвы под кустиками.

Каких либо вредителей на них я не видела. А вот при загущенной посадке виолы могут поразиться мучнистой росой, серой гнилью или ржавчиной фиалки. Чтобы этого избежать, изначально сажать растения нужно на расстояние 15-20см друг от друга и избегать избыточной влажности. А избавиться от этих напастей помогут соответствующие фунгициды. В случае с мучнистой росой помогут препараты на основе серы.

Для продления цветения удаляются отцветшие цветки.

Если появилось желание получить свои семена, достаточно оставить несколько цветоносов на растении. В коробочках много семян. Созрев и осыпавшись, семена дадут на следующую весну много новых сеянцев. Пересадки цветы не боятся, их можно пересаживать цветущими.

Хочется попробовать размножить понравившееся растение, не дожидаясь, когда созреют семена? Для этого можно срезать часть стебля или мелкие стеблевые черешки и укоренить их. А можно просто поделить кустик. Делать это лучше с конца весны до начала лета.

Для укоренения в летний период я использую отдельную грядку. В нижнем слое обычный грунт, а сверху насыпан небольшой слой песка. Над грядкой установлены невысокие дуги для пленки. Поверхность почвы должна быть постоянно влажной. Укоренение виолок происходит через 2-3 недели.

Цветение анютиных глазок продолжается до заморозков. Перед заморозками я обрезала все цветоносы, подсыпала под кустики перегной, чтобы корни не вымерзли, и на зиму укрыла лапником. Весной, сняв укрытие, я увидела сочные, зеленые листочки цветов.

Еще одним достоинством растения является то, что в букете они сохраняются до 2-х недель. А такой красочный букетик, я думаю, любого приведет в восторг!

На сегодняшний день выведено много сортов и гибридов Анютиных глазок. Среди них:

миниатюрные – высотой до 15 см, цветущие до ноября – оригинальный F1 «Глаз тигра»; серия F1 «Лидер» с разнообразной окраской;

крупноцветковые гибриды – высотой до 20 см, цветущие с мая до октября, с цветками до 7-9 см. Вот это размерчик для Анютиных глазок! Сюда входят: серии «Бамбини», «Шведские гиганты», «Флоренция», F1 «Босс», F1«Мулен руж» с бесподобными гофрированными цветками, F1 »Аврора» с лазурной каймой на лепестках, F1 «Киски» с контрастными штрихами на лепестках, F1 «Кьянти Шейдс» с пестрой окраской гофрированных лепестков, «Шалом суприм» с впечатляющими, сильно гофрированными лепестками, «Шалун» с цветками разной окраски и сильно гофрированными лепестками и многие другие. В этом году буду сеять «Шалун» - впечатлило фото на пакетике семян.

Селекционерами выведены и ампельные формы виолы. Побеги длиной до 30 см, цветущие до ноября. Это серия «Водопады» - Янтарный», »Жемчужный», »Сапфировый».

Ах! Какой выбор!

Посадите анютины глазки – они принесут Вам хорошее настроение и радость!

i want morebooks!

Покупайте Ваши книги быстро и без посредников он-лайн – в одном из самых быстрорастущих книжных он-лайн магазинов! окружающей среде благодаря технологии Печати-на-Заказ.

Покупайте Ваши книги на

www.more-books.ru

Buy your books fast and straightforward online - at one of world's fastest growing online book stores! Environmentally sound due to Print-on-Demand technologies.

Buy your books online at

www.get-morebooks.com

VDM Verlagsservicegesellschaft mbH

VDM Verlagsservice-
gesellschaft mbH

Heinrich-Böcking-Str. 6-8
D - 66121 Saarbrücken

Telefon: +49 681 3720 174
Telefax: +49 681 3720 1749

info@vdm-vsg.de
www.vdm-vsg.de

Printed by Books on Demand GmbH, Norderstedt / Germany